José Antonio Galante Pérez

Lágrimas de whisky

© José Antonio Galante Pérez - *Lágrimas de Whisky*

© Editorial La Rueca

www.editoriallarueca.com

Primera edición: marzo 2024

ISBN: 978-84-19865-63-2

Depósito Legal: M-7620-2024

Impreso en Madrid - España - UNIÓN EUROPEA

Retornando al camino de Poesía y Whisky

Las lágrimas en el whisky son aquellas que una vez que brotan de los ojos uno cree que en ellas se condensan la vida, los anhelos y los sueños.

Habitualmente se dice, y se ha consolidado, el dicho de "beber para olvidar" al referirse a la bebida como un escape, una huida, un olvido. Pienso que es todo lo contrario, es beber para recordar, para volver, para reencontrarse con lo que quedó atrás y añoras. Beber, catar whisky tiene una parte sensorial muy ligada a los sentimientos y a los recuerdos.

Cada cata de whisky es genuina, diferente, cambiante. Es una subjetividad que nada en un océano de sentimientos y de ahí, su relación intensa con la poesía, dos caminos convergentes donde, aparte de las emociones, el tiempo es fundamental.

Lágrimas de whisky es un conjunto de poemas que son hijos de un momento, un paisaje brumoso, frío y desangelado, un tiempo atrapado en un contexto, espacio y tiempo erosionados por el desasosiego y que a veces, tiene momentos de claridad y calma.

Este poemario se nutre del manantial de la nostalgia y la melancolía buscando el calor del recuerdo alrededor de un whisky con el paraguas abierto que protege de la lluvia del tiempo.

Este poemario es la continuación de ese primer trabajo poético dedicado al destilado del agua de vida llamado "Poesía y Whisky" donde en cada poema sigue estando presente el whisky como familiares señales y mojones del camino, donde el poeta transita por el universo sensorial acodado en una barra de bar o sentado en un sillón de cuero al calor de un fuego, rodeado de nostalgias y anhelos, abrigándose de las inclemencias de la vida con la luz de un blended o de un single malt.

El poeta es también arqueólogo y aborda la excavación de los estratos del tiempo haciendo catas y sondeos en las cuadrículas de la vida o dentro del yacimiento que está dentro de cada botella de whisky.

Y ese arqueólogo anotaría en su cuaderno de campo los siguientes versos:

Te he buscado
y no te he encontrado
solo abrazo tu recuerdo
con un whisky entre las manos.

Un viejo en el espejo

Entro en el Ragtime
un tipo que pasa de los ochenta
parece el dueño y señor de la barra
trastea con el móvil mientras bebe una cerveza.

Me pido un Laphroaig 10
y dejo que el whisky me diga la verdad
miro al viejo y me veo en un espejo
solo, en la barra, engañándome como siempre
me perdí, no supe seguir tus pasos
y ahora los veo por todos los lados
en todo momento y ocasión
en una calle, en un puente sobre el Ebro
tomando un poleo en una cafetería
en un bar del Tubo
o bajando del tranvía
te veo, te pienso, te siento
pero cada vez que me miro al espejo
me engaño y me creo mis absurdas fantasías.

El viejo del móvil deja la barra
y se sienta al piano
toca por Sinatra
por el tiempo y los amores perdidos.

El blues más triste del mundo

Observo el vaso de whisky
con la mirada perdida
en el laberinto de mis pensamientos.
El hielo estaba en mis manos
frías como un cadáver
la música se mezclaba con el ruido de fondo
voces y risas de los habituales del garito
ausentes al dúo de cantante y pianista
que interpretaban el blues más triste del mundo.

Doy un trago al Dalmore
y siento los recuerdos dulces y salados de tus besos
nadie escucha el blues
apuro el whisky de un trago
y me voy a pelearme con el cielo y la luna
o a perderme en la oscuridad de la noche
para acabar debajo de tu ventana apagada
presintiendo que no estás sola
y siento entonces el desgarro de un retrogusto metálico
que brutalmente me dice
que por dentro me desangro

Me voy andando en la noche
moviéndome sin avanzar
anhelando tus ojos
mientras suena el blues más triste del mundo
por el camino sin final

El día que me quieras

Juro que no bebí antes de dormir, lo juro
pero me dormí y soñé.

Soñé unas calles de pueblo
conducir un viejo coche
y coger el camino hacia las afueras
salir al campo por caminos de tierra
piedras y baches
y llegar a un lugar
donde no se puede continuar
y al intentar volver, no poder pasar.

Quiere sonar una canción
se escucha el día que me quieras
yendo del tango al bolero
Gardel y Calamaro
Los Panchos y Manzanero
Luis Miguel y Alberto Cortez
la boca seca por el miedo
por alejarme y perderte
sabiendo que me querías
y que en mi huida no dejaré de quererte.

El whisky cura el amargor
y lo que no hace el whisky
lo hace una canción.
El día que me quieras
soñaré que vuelve a salir el sol.

Whisky, derrotas y epílogos

Adormilado al son de Damien Rice
me sirvo un whisky
y al beberlo con desgana
me sabe cómo tragar agua de mar
mientras braceo entre las olas
y esquivo los restos de madera
en medio del naufragio.

En boca queda anclado
el amargo regusto
del recuerdo de los sueños
que se pierden sobre las aguas de un río
disolviéndose en los remolinos del tiempo.

Solitario, dormito en los brazos del abandono
de una vida, que como el whisky
se derrama sobre el suelo
mientras Damien canta
con el ritmo de las derrotas y los epílogos.

Vasos tallados y borde dorado

He comprado un par de vasos de cristal tallado y borde dorado
para recordarte esta noche con dos onzas de whisky
en las costas de un sofá o en el arrecife de la cama.
Las olas rompen en la playa
mientras, imagino tus dedos jugando con los relieves del vaso
como si fueran conchas sobre la arena
y me asomo a los acantilados y un trago, despierta el vértigo
de las galernas que he encontrado
danzando bajo la lluvia
por los caminos por los que he transitado.

Miro tus manos que aprietan otras manos que no son las mías
lo veo en el reflejo de los charcos
y siento un escalofrío
que atempero con un largo trago del destilado
que es el espejo donde mi alma se refleja.
En las noches heladas nos abrazábamos
pero eso ha desaparecido en la resaca
entre medusas y algas llenas de sal y espuma.
La noche no termina porque siempre es de noche
y en los sueños acaricias con tus yemas
el vaso tallado de borde dorado y bebes mirando a los ojos
de un tipo más afortunado que yo
porque ya me has olvidado.

Uno de noviembre

Un tipo cansado rememora los años pasados
cuando las mañanas olían a espuma Lea y Varón Dandy
sonaba el crujiente al morder una manzana de postre
y los días sabían a vainilla y madera de un Jim Beam.

Ese hombre que se acerca a los sesenta años
en el día de todos los Santos
llora con los ojos de un niño
porque quiere agarrarse a la mano del padre
y cuando levanta su manita buscando la recia nano
ve el vacío y que su padre ha desaparecido
sintiéndose huérfano y perdido.

Puede que algún día vuelva
y llenará de nuevo la casa con su presencia
sonando la familiar tos y los añorados carraspeos
y hablará
se sentarán juntos en el borde de la cama
y con su acento portugués le dirá,
tranquilo hijo, tranquilo
no estás solo, estoy contigo
siempre lo estuve
dame la mano y caminemos juntos
para que todo vuelva a tener sentido.

Cansado de oír el silencio

Miro las botellas en la estantería
cansado de oír el silencio
no me sacia un Talisker, un Dalmore o un Glen Scotia
solo me estremecen los recuerdos y su estruendo.

Y es cuando busco el sonido de tus susurros
haciendo viajes a ninguna parte
monto en el coche para conducir sin atajos
rodando por los caminos más largos
sí tengo que ir al Madrid huérfano de besos y paseos
lo hago saliendo de Espartales yendo a Meco y sus cárceles
hasta bajar por la Muela y sus tristes molinos
circunvalar varias veces la zeta cuarenta
callejear por Actur, Arrabal, Torrero y su canal
Casablanca o por la Gran Vía hasta la universidad
y volver a Sigüenza por si me vuelves a perdonar.

Ya no me queda dinero para gasolina
bebo whisky de la última botella
y me voy lo más lejos
de lo que es capaz el olvido.

Miro las estanterías y no quedan botellas
solo me queda el silencio.

No olvidar lo inolvidable

Cada whisky que cato
cada destilado que bebo
donde resaltan los perfiles amadaredos
hacen que viaje en el tiempo
y retornar al momento donde los sentimientos
de dos almas se juntaron.

De pequeño, los olores de la ebanistería de mi padrino
se tatuaron en la memoria
eran aromas auténticos, frescos y llenos de vida
raíces inolvidables.
Manos infantiles acariciando el esponjoso serrín
y las virutas como esquirlas del amor usado
configuraron una parte sensitiva de mí existencia.

Cuando te conocí fui el carpintero más feliz
hice bajorrelieves con tú pelo
y tenías una piel tan suave como el barniz sobre el roble.
Desprendías las más exquisitas fragancias
y volví a sentirme un niño
que feliz, se enamora hasta perder el sentido
abrazado, pegado cara con cara
sintiendo las cosquillas de tú cabello.

Cada vez que siento el olor a madera
revivo nuestro amor.
Ahora me conformo con una copa
y no olvidar lo inolvidable.

Formé parte de tu imaginario

Zaragoza, la capital
en realidad, la ciudad se me hace pequeña
lo que se hace enorme, descomunalmente infinito
es el silencio.
Bebo un Dalmore en Whisky viejo
ausente de la gente y de la música
mientras repaso el camino.

Fui protagonista de tu realidad
formé parte de tu imaginario
y esa es la mayor gloria a la que he podido aspirar
me permitiste viajar contigo
me llevaste al paraíso que ni en mil vidas
hubiera sido capaz de conocer
y ni si quiera imaginar.
Llevabas en el cuello una bufanda
y un mechón de pelo siempre asomaba
en las orillas del gorro de lana
me desbordan los recuerdos
y ya no importa, solo la sonrisa que me regalabas.

El frío cierzo nos obligaba a abrazarnos
y nos besábamos largamente
como si el tiempo nos dejara solos un momento
que se nos hacía eterno.

Es tarde, hora de cerrar el bar
hora de sueños rotos y desconsolados.

Brújula

En las noches frías y solitarias
estás a mi lado
y me dictas con susurros
las más hermosas palabras.

Mi pluma se desliza guiada por el espíritu
y sobre el agua de vida se escriben
los versos más encendidos
que alumbran poemas y caricias.

Se elaboran cartas de navegación
y se dibujan mapas de colores
un sendero, y tras el horizonte
un abandono de lo real
para adentrarse en la abstracción
del laberinto donde me perdí.

Miro la botella, una brújula
y un whisky
que me salve de la locura
de alejarme de ti.

Compluto

Hay whiskys exóticos
existen en universos paralelos
hijos de otro tiempo y lugar.

Hay whiskys enterrados en un yacimiento
arqueología y hermenéutica
destilados al calor de la historia y la tradición
Siglo de Oro y calzadas romanas
mártires y caballeros
Condueños señores del destino
y cardenales en el campo de batalla
o en barcos, rumbo a Oran.

Hay whiskys poliglotas
campanas que hablan
que trascienden los cielos
desde los tejados de la Magistral.

Hay whiskys de premio y paraninfo
de sillares de caliza y patio trilingüe
conocimiento y universidad
o de joyas en una entrevista
que descubrió nuevos mundos.

Hay whiskys exóticos
en nidos de cigüeña
desde donde se puede volar
y están todos en Alcalá.

La esquina

Las esquinas esconden las mentiras
y las dobleces de lo que estuvo mal
el whisky abre los ojos
y las notas de lo que es verdad.

No hay desconfianza en la malta
donde se fermenta la vida
y el cobre invita a levitar
a lomos de un viento frío de invierno.

El fuego quema, pero los silencios abrasan
el calor se esconde entre las manos
y el whisky decide por ti
cuando un ángel te besa en los labios
y te dejas llevar
y al girar de nuevo la esquina
doblas la vida y vuelves a empezar.

Las mujeres que nos amaron

Las mujeres que nos amaron
supieron ver la esencia de las cosas
y en nosotros, las briznas de verdad
para tenernos un amor incondicional.

Y llegaron las grietas en las briznas
no hay música con la que bailar
una guitarra hace un solo
no queda nadie con quien cantar
mientras el cielo se rasga
por una tormenta de mentiras y falsedad.

Los hombres caminan en soledad
buscando el calor de una chimenea
y la sombra de una botella de single malt
para atenuar el morir del tiempo
y que quizá, soñando, podrían de nuevo volar.

El whisky no importa
solo cerrar los ojos
y saber que los ángeles existen
en esas mujeres que nos supieron amar.

Lágrimas de whisky

Una y mil veces me caí
una y mil veces no me levanté
resurge el desasosiego en cada trago que di
por alejarme de ti.

Se llenan las botellas
de las lágrimas de todas las caídas que sufrí
los sueños se han roto como el cristal
mi castigo es vivir para no olvidar.

El alcohol quema la garganta y enfría el corazón
que congela las lágrimas en las mejillas
donde la pena sabe a pimienta y vainilla
y sabes que la mentira fue de mi mano
y que lo único cierto es el whisky
las lágrimas
y que no dejas de llorar y sufrir.

Borracho

¿A quién le importa que estés desconsolado?
resaca de un garrafón de sentimientos
bebidos sin medida de un solo trago
o a sorbos pequeños para que duela más

El whisky ha decidido por ti
y la barra del bar
es como estar sentado al borde de un tejado
esperando el eco de su dulce voz.

Ella ya no está
borracho te lo repites
ella ya no está… ¡Borracho, escucha! ¡No está!
cierras los ojos y oyes a Sinatra.

La luna brilla intentando dar un poco de esperanza
y presentas la última batalla con un trago de soledad.
El destino ha decidido por ti
y te muestra el camino que dejaste ir
para que sepas que no quedan puentes
ni montañas donde rebote el eco de sus besos.

Desconsolado, que a nadie importa
borracho, que aún menos importa
te sacan del bar, borracho, muy borracho
y balbuceando repites
ella ya no está, no está, ella no está…

No hay

No hay consuelo para tanto desencanto
no hay esperanza que alimente los anhelos
no hay nuevo amor que restaure lo perdido
no hay guerrero que luche en más batallas.

Afligido, temo el castigo del cielo
mientras me abrazo a lo que me queda de alma
y no me importa nada
solo lo que dejé atrás.

No hay whisky suficiente que calme el dolor
no hay borrachera que me haga olvidar
qué no hay más besos que dar
no hay más tiempo, no
y saber que juntos, a viejos, no vamos a llegar.

Soledad

Miro las fotos de la pared
juego con tú imagen entre las manos
estás tan presente que mis ojos se humedecen.
Llueve y las ventanas se llenan de gotas de agua
es el invierno que abraza con vaho y frío.
Miro mis manos y están vacías.

Soledad

Perdí el salvoconducto que me permitía viajar
a los paraísos que me enseñaste
bebo un trago largo de cask strength
para recordar cómo era todo antes
y quiero que el destino me muestre
que el futuro ya no será el que soñamos.

Miro las fotos y tiemblo
un estremecimiento
porque te veo abrazada por otros brazos.

Miro la desnuda pared
miro mis vacías manos
y sigo llorando.

Armónica

Suena una armónica
y el mecanismo del reloj marca la hora final
la destrucción abre sus puertas
te lleva al salón y te sienta en un cómodo sillón
sirviéndote un trago ahumado por las hogueras de la decepción
y bebes notando en las heridas la sal de la derrota.

Piensas cuando quisiste ser noble como el roble
y dulce como la miel
ya nadie te recuerda
solo los ángeles saben de ti
por los cachitos de espíritu que les diste.

Suena una armónica
y remueves la leña en la chimenea
mientras apuras la copa
miras de reojo la botella
suplicando un poco más de tiempo y whisky
para irte con dignidad.

Lotería

Fui el hombre más afortunado
no había tipo con más suerte.
Apareciste y limpiaste mi cara
Incluso, pude sonreír.
Rompiste la costra de mi alma fosilizada
enterrada por metros de sedimento
por un tozudo abandono
en una vida pétrea y concrecionada.

Todos los números de la lotería
los tenía premiados
los guarde durante años
porque en mi cobardía, no quise cobrarlos.
Hoy, mendigo una pedrea
un resto, un pedazo de lo ganado
pero ya no queda nada
solo el rugoso tacto de la pátina del fracaso.

Me escondo tras libros y whisky
leo tristes poemas y recito mi desasosiego.
Fui el hombre más afortunado, lo supe y lo olvidé
ahora recuerdo cada detalle, cada gesto
cada rincón que buscamos
y cada paseo que dimos.

Es la memoria del cobarde
Que no quiso cobrar lo que había ganado.

La noche de Burns (25 de enero)

Las personas son olas rompiendo
o mar petrificado de Sargazos
lagos infinitos o charcas estancadas
ríos caudalosos o minúsculos arroyos
cristalinos manantiales o pozos cegados
cascadas o charcos embarrados.

Las personas aman igual que odian o ríen igual que lloran
la gente es capaz de lo más heroico
y de lo más ruin y cobarde
unos mansamente se encadenan
y otros, cierran el puño por la libertad.
Todo eso es la humanidad
miserias y grandezas y es la cruda verdad.

Por tanto ¡Brindemos! Levantemos el vaso
por el camino, el de verdad, nuestra verdad.

Hay quien bebe vino o cerveza
mostos o agua con gas
y unos pocos, que son muchos y cada vez más
porque valen por dos o tres, beben whisky
y eso, lo sabemos, es verdad.

Si es escocés, el número aumenta, sin saber por qué
o sí, porque cualquiera de ellos se ha curtido
por mil vientos fríos como el hielo
y en las tinieblas y la oscuridad han crecido.

Han perdido todas las batallas
pero ganan la guerra cuando levantan una copa
enarbolan una bandera con el aspa del crucificado
la Cruz de san Andrés
y el cardo les avisa, salvándoles de las traiciones
y de las perversas invasiones.
Ganan batallas cuando leen poemas
y dan su vida por la tradición y la libertad.

Así se forja un pueblo
así se destila una patria
así se madura la tradición
así se venera el destino.

Tierra de turba y brezo
de alambiques de cobre
y dirks que rasgan el cielo.

Tierra de valientes y héroes
caídos en Culloden
sangre, Dios lo sabe, que no cayó en balde.

Tierra de kilts y tartan
de clanes inmortales
y callos en las manos y cicatrices en el alma.

Tierra de turba y Burns
corazón y espíritu de un pueblo
que son la libertad y el whisky.
Sláinte!

Bodegón de botellas vacías y vasos rotos

Están vacías las botellas
vasos rotos, otros sucios y abandonados
sobre una mesa donde el whisky ha quedado marginado
las islas de Escocia dejaron de ser el paraíso soñado
no hay poema que aplaque el desolador arrebato
no hay canción que haga brotar de nuevo el destilado
se dejó de beber y se dejó de llorar
libros llenos de polvo contienen la incómoda verdad
y en sus páginas en blanco se lee
que ya no hay tiempo para amar.

Están vacías las botellas
ya no huele a brezo, vainilla, cuero y humo
ya no se siente la sal y la pimienta
mirando los cristales esparcidos por el suelo
mientras se olvidan los sueños
recordando, de manera borrosa
los brindis que un día se dieron
y ahora, como Escocia, se han olvidado.

Tres de octubre

Un tres de octubre los sueños se cumplen
aunque solo sea en un fugaz instante
ensoñaciones aventadas y envueltas por la brisa suave
de los labios que siempre están presentes.

Celebrar los reencuentros
o imaginarlos como si fuera un cuento.
Darse los festines pendientes
encender una vela y mirar la llama y su baile
mientras la nostalgia busca no olvidar a los ausentes.

Abrir una botella de doce años de Dalmore
y brindar porque un tres de octubre
los sueños, aunque sea de refilón
se rozan y se cumplen.

Miradas

Llueva o salga el sol
la mirada es siempre la misma
perdida y atolondrada
o llena de untuosa vivacidad
una montaña rusa de alocadas miradas
de esas de subir a las más altas montañas
y después caer por imponentes acantilados.
Ver los charcos y correr a pisarlos
recitar de memoria las paradojas
memorizar las heridas y ante el espejo
vestirlas con las sedas de la melancolía.

Quizá un par de whiskys
el humo de un cigarro
camuflen las miradas perdidas
puede, es un intento
y si no, escuchar a Luis Brea o Havalina
y saber que en cualquier momento
levantaras la vista y verás
que, aunque llueva o salga el sol
tendrás siempre la misma mirada
atemporal y perdida.

No lo merezco

Alguien me dijo que no merezco
las cosas que me evaden de mi propio olvido
pensé que quizá tenía razón
y debería dimitir del whisky
porque en verdad, no lo merezco
y busqué el consejo de un experto
para poder ser un eremita en el desierto.

Pregunté al ermitaño el porqué de su retiro
y me dijo que no era un placido retiro
era una huida a ninguna parte
lejos de los whiskys ahumados
de las catas en sitios lujosos y con clase.
Distanciarse de los cask strength
de los maridajes sabrosos.
Irse, no sentir las turgencias del brezo
y las pulsiones salidas del roble.
Dejar de sentir el éxtasis
y alejarse del whisky y sus milagros.
Retirarse a una covacha
con un manantial de agua
flores para infusionar los aromas del fracaso
y sentarse bajo un árbol que de sombra
y proteja de los pensamientos húmedos y fríos.

Me convencieron los argumentos
y me retiré del whisky, de sus tesoros
porque en verdad, no los merezco.

Poeta pirómano

Algún día publicaré mis peores versos
superando de largo
los que ya de por si eran malos.

Ese día será tiempo de epílogos y testamentos
y en la presentación del libro
haré una hoguera para quemar mi vida
escrita en hojas manchadas con la tinta
del auto resentimiento.

Después no firmaré libros
y con los dos o tres despistados que aguanten
beberemos whisky
mientras el fuego acaba con los versos
que nunca debieron ser publicados
y brindaremos por el humo efímero
mezclado con la bruma del río
y por las cenizas de los poemas
para que se las lleve lejos el cierzo.

Turba poética

Todos los poemas son estúpidos, malos e innecesarios
y cuando aparecen sin llamarles, son, además, ridículos.
La insoportable pesadez de un poema
la infame y sobreactuada solemnidad de un haiku.

Si algún día se queman libros
que empiecen y acaben con los poemarios
versos inflamables que no lee nadie
ripios que chisporrotean y crepitan por el azote del fuego
que devora la cursilería
de estrofas que se creen faros, incluso estrellas
y no son más que ceniza y escoria.

La insoportable levedad del poeta
marioneta de sus sentimientos
esclavo de los recuerdos y los fracasos
culpable de escribir poemas y cantares
que solo sirven para mantener encendida
la llama de la estupidez de un mundo
que no necesita de la poesía.

Es la turba poética, combustible barato
miserable, maloliente y rimado.

Ritual del whisky

Beber un whisky necesita de una ceremonia
un ritual que propague el misterio
del milagro vestido de roble
donde el tiempo habla con la mesura de un anciano sabio
y sus palabras manifiestan colores, aromas y sabores.

La rutina de los rituales
que traen al presente los pasados.
Pretéritos fértiles que paren futuros.
Neonatos inciertos que se calman
en el manantial incesante del rito
cuando el pasado se pisa
y se funde en infinitos tiempos perdidos.

Esto es el whisky
un milagro que se aparece en cada trago.

Así me lo dijo un anciano sabio
y siempre hago caso a mis mayores.

Garrafón

Soy una mala copia
una infame falsificación
se me ven las costuras
toscas taras evidentes.

Bebo whisky aguado
y mis botellas, están adulteradas
en un indigesto single malt
con tragos de garrafón.
Lo único autentico
es permanecer
en el bando del ridículo
y cuanto más hablo
más patente se hace.

Me siento en la parada del tranvía
para ver si te bajas en ella
y si no apareces
colecciono otra decepción
en el enésimo álbum
de la biblioteca de los fracasos
en una vida de garrafón.

Port Ellen siempre

Nadie busca a los errantes,
su camino es otro
buscadores de confines solitarios
ajenos a los vaivenes
y a los caminos conocidos.

Si un día me buscan
que pregunten al viento
o a un paisano de Port Ellen
y quizás, allí
me encuentren.

Blanco y negro

Visto para no pasar frío
y para que mis vergüenzas pasen desapercibidas.

Visto de rebajas y saldo
porque no me puedo permitir trajes a medida.

Los pocos lujos que me permito
es acercarme a oler algún single malt
escuchar a Sinatra
y soñar con una vida en blanco y negro
como si fuera Bogart en Casablanca.

Friki

Soy o me siento como un despojo
fuera del mundo canónico
ortodoxo y verdadero.
Un friki en una pista de baile
con una copa single malt y un libro
llamando la atención, sin conseguirlo.

Ha pasado tanto tiempo en un minuto
que no puedo seguir vivo
sin reconocer el sinsentido
de una vida ajena a la pista de baile
a la música de tus besos
y a tus insinuantes devaneos.

Se ríen del solitario
se mofan del entregado
y desaparezco.

Lo demás es un delirio
por las calles de Alcalá
en sus garitos y pistas de baile
mientras apuro
un triste y escuálido single malt.

Basura

Es curioso que nunca vi lo que me rodeaba
nunca entendí el sentido del camino
donde tengo visiones distorsionadas del pasado
y en el presente no sé por dónde me ando
y del futuro, solo atisbo retazos de lo soñado.

Sin embargo, si soy capaz de imaginar escenarios
veo un pequeño apartamento lleno de felicidad y sosiego
ilusión y sonrisas
donde ella hace limpieza
como si fuera una hoguera en el bosque
para limpiar el campo de rastrojos y malas hierbas.

Veo que amontona una pila de libros que esperan turno
para acabar dentro de un contenedor de reciclaje
libros de ensayo, política e historia
novelas, e incluso, un poemario
fruto de años de regalos o de préstamos olvidados.

O veo en una bolsa de basura fotos y el poster de un congreso
y un par de cuadros, ya sin valor, si acaso el marco.
En otra bolsa con destino al basurero
una bandeja vintage de latón bruñido
y una tetera de vidrio donde ya no se harán más poleos
un par de peluches y un pingüino aterido de frío.

Y en el cubo donde se echan los desperdicios
el whisky como residuo, una botella de Dalmore 12
y otra de Johnny Walker Blue con su nombre grabado.

Sigo sin ver nada y cuando lo hago
solo la veo a ella, cerrando cajas y bolsas
contenta y en paz por la limpieza
y un montón de basura
con destino al vertedero.

Angustia y alivio

En junio llegó el apocalipsis
y pude beber el último escocés
entre la angustia y el alivio
la angustia de no ver el futuro
desde un presente anclado en el pasado
y no ver nada
no entender cuál ha sido el propósito
de cometer tantos errores
que como granizo te golpean la cara.

Y el alivio al regalar la colección de whisky
alivio por el fracaso que se respira
bombeando la angustia que supura
por las heridas que no cerraran nunca.
Y con los años será cada vez más doloroso
el mayor error que has cometido
alejarte del amor de tu vida
y perder para siempre el alma en los infiernos.

El apocalipsis se atenúa con un cask strength
y el fin del mundo cabe en cada vaso de destilado
suenan las trompetas, cierras los ojos
y bailas por última vez con un Octomore.
Angustia y alivio.
Todo se ha cumplido.

Ermitaño

De ser algo sería un ermitaño
con un poco de fruta, pan y queso
un manantial de agua mineral
una bota con un par de litros de vino
y whisky en un pequeño barril de roble.

Nunca supe estar a la altura
de lo que la vida ofrece
tampoco que me pudo dar
nunca fui inteligente
estoy cada vez más lejos
soy cada vez más pequeño.
De que sirve continuar
si el camino se ha cegado
lleno de rocas formando un muro
que impide avanzar.
Y al volver atrás, te expones
a un nuevo derrumbe que te sepulte.

Me siento en el suelo
esperando que llueva
y acabar empapado y calado
porque en mi vida siempre llueve sobre mojado.

Y para calmar el frío y la nostalgia
siempre un whisky
un trago amargo de destilado
que serena al ermitaño.

Johnnie Walker Flagship

Por la gloriosa Puerta de Alcalá
en noviembre de 2018
un zahorí encontró de casualidad
en uno de esos inviernos madrileños
un manantial donde brotaba single malt
y los robles del Retiro se pusieron contentos
porque en la calle Serrano un viejo caminante
se dejaba caer, volviendo del pasado
para regalarnos el mejor destilado.
Fueron unos inicios pirotécnicos
y la capital encontró un oasis
donde el whisky dejó de ser páramo y desierto.

Al poco de empezar el viaje
un terremoto provocó una inmensa falla
fueron meses de bozal y barbecho
donde el caminante tuvo que posponer sus paseos
ya fuera en Madrid o en Port Ellen
y el espíritu de Johnnie Walker Swing
a pesar de los temblores mantuvo todo en pie.
Pero un día, de repente, la tierra dejó de crujir
y la gente poco a poco empezó a salir
volvió con ganas de disfrutar y empezó de nuevo a vivir
y el agua de vida volvió a brotar por el manantial
y las ardillas bailaban y hacían cosquillas a los árboles
que no paraban de reír.
El anciano caminante, de nuevo, nos señaló el camino
nos dio de beber de su dorada petaca
y fuimos tras él, disfrutando de cada botella.

Destillers editions y special release
blended y cask strength
Lagavulin ahumado y glorioso
o Talisker como olas de mar
Cragganmore como un pastel
o Glenkinchie con aromas de Jerez
Caol Ila yodado e isleño
o Cardhu bañado en miel de brezo
Oban silvestre y mesteño
o Johnnie Walker Green donde los amigos se juntan
Mortlach con sabor a mazapán
o un Blue que siempre te señala al cielo y te invita a soñar.

En esos años el caminante trajo un equipo
a cuál mejor, grandes anfitriones y mejores personas
que te hacían sentir como si tu barrio fuera el de Salamanca
Serrano tu calle y la tienda fuera el salón de casa
donde el whisky era siempre un regalo
pero sus desvelos, calor y amistad un milagro.

Han sido cinco años providenciales
han sido cinco años inolvidables
dónde guardaré en algún rincón de mi memoria
los aromas y sabores sentidos
pero donde siempre quedará el agradecimiento
de haber conocido a las mejores personas
y a los mejores amigos.

Poesía y whisky

Caminar dejando un legado
es lo normal y lo natural
caminar sin un rumbo fijo
es no esperar nada a cambio
llenar los zapatos de barro
y olvidar la meta de un legado
ramoneando en la irrelevancia
y ni siquiera soñar con la trascendencia.

Los márgenes son muy estrechos
y cada vez se hace el camino más angosto
a las puertas de lo que parecen los últimos años.

Ha quedado claro que todo parece un fracaso
dónde un mucho o un poco nada valen
en un cansino dejarse llevar
moverse por una inercia hasta que todo se pare.

Y volver a un principio donde todo era inseguro y un desafío
en el que siempre se perdía para quedarse en el mismo sitio
es el camino que se eligió, pues la única opción
fue dejarse llevar por la falta de voluntad
y claudicar, abandonarse
rendirse antes empezar.

Dónde quedará un libro gastado por los años
sobre una mesa en un tenderete del mercado de San Bruno
acompañado de decenas de libros de segunda mano
y puede que a alguien le llame la atención
escarbando entre un montón de libros de saldo
donde quizá destaque por su título curioso
asomando un *Poesía y Whisky* en una caja de cartón
dónde están los libros más baratos.

Ese tiempo que esté en la plaza de San Bruno
domingo tras domingo
será lo más cerca que ha estado de la trascendencia
dónde el barro se ha convertido en polvo
y la pátina del tiempo oculta y olvida
todo lo que ha pasado
a lo largo de un tortuoso camino.

Viejo mozo de almacén

Hay momentos en los que todo se oscurece
las tinieblas son espesas
cuando la poesía desaparece
y no ves lo que realmente es importante
y no eres capaz de pensar ni dejarte llevar
por los recuerdos y las emociones.

Convirtiéndote en una marioneta que va de aquí para allá
cogiendo bultos y paquetes
dónde escuchas el crujir de la espalda
y lo que sientes son los calambres en manos y brazos
o los músculos que están a punto de romperse.

Lo único que ves claro es que los años han pasado
y que tu cuerpo ya no es el que se sentía invencible e inmortal
el tiempo que se ha escapado
y no te has enterado cómo ha sido.

Preparar un pedido y empaquetar el peso de la nada
y en esos momentos de oscuridad
no piensas en un whisky ahumado
ni en las tierras de Escocia
ni en la lluvia que parece un single malt.

Y mientras mueves un palet
la arqueología es sepultada por toneladas de sedimento
una concreción sella el tiempo del olvido
y la hermenéutica se manifiesta una herramienta inútil
intuyendo que no formas parte de la tradición.
y mientras el polvo del almacén cae sobre tus hombros
no eres capaz de recordar su sonrisa o el tono de su voz
o la suavidad de sus caricias.

Hay momentos en los que todo se oscurece
y solo intuyes que estás vivo porque la espalda se queja
y el alma no piensa en poesía, ni en whisky, ni arqueología
y olvidas los besos que te mantenían vivo.

Todo sigue igual

Compro ropa que nunca me pondré
como si todo siguiera igual
escucho canciones de Sinatra
como si estuviéramos abrazados y nos pusiésemos a bailar
bebo whisky escocés
como si mirándonos a los ojos fuésemos a brindar.

Hago cosas que ya hice
atrapado en un sueño
que no me deja avanzar.

La soledad huele a viejas canciones
mientras todo sigue igual.

La soledad suena como el corcho
de una botella de single malt
y el líquido cae y llena la copa
y un gusto fuerte y especiado
seco y amargo
anestesia los recuerdos.

Soy un extraño y todo sigue igual
lo único distinto es que Sinatra y Aznavour
me acompañan tomando unas copas
rodeado de soledad
y todo sigue igual.

Lo importante

Me he perdido siempre
y he fingido que me terminaba encontrando
he rogado milagros
y el cielo me los ha negado
he muerto demasiadas veces
y he resucitado, otras tantas, sin estridencias
sin quererlo
sin necesitarlo.
He dejado de vivir una vida
y ahora la siento como si nunca hubiera estado.

He borrado casi todo
menos lo que fue importante
un traje de chulapa y un clavel en el pelo
la Virgen y el Ebro
el Tubo y el cierzo.
He ido tantas veces a verte
que de todo lo demás me he olvidado.

He bebido algunos whiskys
sin agua y sin hielo
para no perderme y no olvidarte
y ahora todos
me saben amargos.

El whisky es otoño

El whisky es otoño
hojas en el suelo
tierra húmeda
viento y lluvia
Tierras Altas y profundos lagos
o Moncayo y río Ebro.

Cierzo alborotando
rompiendo la paz y el silencio
donde el whisky busca un sillón de cuero
una chimenea y un pedazo de ternasco asado.

Masticar los recuerdos
recordar la piel y su olor
los platos que te he cocinado
y los besos extrañados.

El whisky es otoño
y es eterno
en Caesar Augusta o en Caledonia
en Cádiz o en Alcalá
contigo o en mí soledad.

Abrazando las cesuras

Todo fue un sucesivo declinar
esconderse en los hiatos de la vida
no comprometerse abrazando las cesuras
y pensar que lo que se sueña llegará a ser real.

Te imagino en las cosas cotidianas
estás presente siempre
porque todas las cosas que haces
son extraordinarias.

Te veo, aunque ya no haya redes sociales
descubriendo playas
y comiendo platos de pescado y almejas
tarta de higos con una taza de poleo.

No puedo olvidar lo que fue inolvidable
y mientras me sirvo un whisky
sueño que brindamos con un Dalmore
donde me reconoces y me sonríes.

En los rincones oscuros de la memoria
el campo de batalla es un páramo
y un garito con luces de neón
donde siempre hay dos cosas
una copa de destilado y la luz de los recuerdos
que son tan reales como mi estruendosa derrota.

Durmiendo en soportales

Rebusco entre las papeleras un pedazo de sosiego
ando mirando al suelo
por si me encuentro una moneda
para comprar el perdón que no merezco.

Durmiendo en unos soportales esperando que el cartón
me oculte y, de mis pecados, me salve.

He olvidado el sonido de un piano
no recuerdo a que sabe un Dalmore
tengo presentes todas las resacas que he buscado
aterido de humedad y frío por los aires del cierzo
que desde las montañas acaricia la superficie del Ebro
tiritando sin que nadie me de calor.

Lágrimas secas manchan la cara
y la suciedad ennegrece mi alma
retorno a los años felices
para que se claven con furia en el pecho.

Rebusco entre la basura restos de lo que fue
por si queda un trozo, el pedazo de un recuerdo
que me permita volver a sentir las caricias y los besos
y el calor de nuestras pieles
abrazados sin pensar en finales.

Soñar es torturarse

La paradoja del espejo
el reflejo que se ve en él es lo real
donde se proyecta una imagen que encierra todo el ser
o lo que alguna vez fue, el resto, dejó de tener relevancia.

Vivir es morir, soñar es torturarse
recordar es escarbar en la basura
nostalgias, pedazos rotos y escombros
recuerdos convertidos en deshechos
que mutilan el futuro, porque nada será como antes.

He sido auto desterrado a un mundo
vacío y solitario, vagando de bar en bar, por tabernas y garitos
donde las barras te anclan firme al fondo
permitiéndote sentirte sosegado y seguro
y donde un whisky de Skye nunca te deja solo.

Miro el dorado brillante en la copa y me veo reflejado
donde el yo, el presunto ser, es ajeno a la verdad.
Apuro el whisky y me voy bajo la tormenta
con el retrogusto de la sal de Torabaig
y las lágrimas que se unen con la lluvia
hundiéndome en los charcos de la soledad.

Busco un cubo de basura
donde queden restos de la nostalgia
pedazos de una vida feliz
que no volverá nunca más.

Whisky de Zaragoza

Si en Zaragoza se hiciera whisky
se bañaría con las aguas del Ebro
destilado con la pasión de los héroes
que resistieron en la Puerta del Carmen
y en cada trago se bebería los aires del Moncayo
y el cierzo sería el espíritu triunfante.

Me llené de ti

Me llené de ti
nunca era suficiente
me llené de ti
y nunca fue suficiente.

Ahora gestiono los vacíos
rebuscando en los bolsillos.
Ahora camino solo
porque así lo quise
sin saber lo que quería
dando vueltas sin sentido
al delirio de mundo que he creado
al universo que he destruido.

Intento llenar los huecos
con un Highland Park
mientras el viento de las Orcadas
me golpea la cara.

Me llené de ti
nunca era suficiente
me llené de ti
y nunca fue suficiente.

Lo supe, pero ya era muy tarde.

Existe

Existe un lugar donde los miedos van de la mano de los sueños
existe un tiempo detenido que nunca más volverá a caminar
existe un libro donde se han escrito palabras sin sentido
existe un desierto donde un día hubo playa y olas de mar.

Todo se ha perdido en medio de la tormenta
la lluvia no limpia los pecados, ni sana las heridas de los errores.
El presente es un inmenso agujero, un lodazal angustioso
un delirio donde nada tiene sentido
donde amigos intentan sostener el andamiaje del edificio
unas ruinas donde el alma ha sido mutilada por la decadencia.

Existe un final donde el inicio es santificado
existe un presente donde ya no existe nada
existe un vacío que llena todos los huecos
y existe un futuro incierto,
donde siempre cabe la esperanza
de viajar juntos a la isla de Skye
beber Talisker y besarnos con sabor a sal.

No saber leer (26 de junio de 2023)

La vida es un libro,
uno más entre millones de una descomunal biblioteca
y se trata de pasar las páginas
para que todo tenga sentido y no sea una historia ininteligible
hasta que caes, mientras sujetas el libro entre las manos
que no sabes leer y que no entiendes los signos y las señales
y balbuceas un abecedario inmaduro e infantil
donde lo único que percibes es que los fracasos y las derrotas
se encuadernan en rústica para acabar como libro de saldo
un domingo, en el mercado de san Bruno.

No puedo verbalizar los hundimientos
atrapado en un fondo abisal por cadenas y anclas
y no puedo escribir los sentimientos
y sí, los dibujo, en los caminos llenos de fango
que será, pasados los siglos, turba
que seque el grano de un destilado áspero y salvaje
de un whisky que sea un látigo sobre la espalda.

Acostumbrarse a perder
desear la derrota
no impide que duela
y mientras se pasan las páginas
bebiendo whiskys sin hielo
el polvo se acumula sobre los muebles de la casa
y huyes a mundos imaginarios donde no saber leer
es la inútil victoria.

Poemas tristes

Tus poemas son un poco tristes, me dicen
ese "poco" denota compasión y el "tristes", una constatación
me encojo de hombros y solo me sale decir
que la poesía tiene que ser triste
para escribir lo que azuza los sentimientos
remover las brasas y quemarte
y esperar que lo siguiente que pase
sea una nueva grieta en el muro
o ver en cada segundo como la erosión desgasta la roca.

Escribir poesía es congelarte en un paramo
caminar a la intemperie sacudido por el viento
terminando calado hasta los huesos de una tozuda humedad
y es escuchar los silencios que me expulsan
con un poema cargado de crueldad.

La tristeza en poesía no es un poco
son continuas olas rompiendo en los acantilados
o sentir en la boca un whisky despersonalizado y aguado
seco y profundamente amargo.

Los poemas son un poco tristes
porque lo que llegó se fue
y lo que se encontró se perdió
y solo quedan las cenizas convertidas en polvo
que cubre de costra y pátina los versos.

Un libro, un whisky, un recuerdo

Tengo un libro entre mis manos
"El whisky hace que escriba sobre ti y nosotros"
lo he leído y el titulo me insinúa
que las derrotas son eternas
y que los corazones se quiebran en los mismos sitios
empapados por destilados con sabor a miel y turba.

Una lectura aleatoria en cualquiera de sus páginas
me transporta a mundos perdidos
navegando en el mar del pasado
con corrientes y olas que me llevan a orillas del presente
donde los fracasos y los restos del naufragio
llenan la playa de caracolas y lágrimas.

Será un doloroso pasar página
un dejarse llevar por los caprichos del destino
un esfuerzo siempre inútil
mitigado por alguna malta con sabor salado
y saber que nunca olvidaré lo inolvidable
y que nunca me perdonaré por mis pecados.

Y que cuando lea, escriba o recite
estarás siempre presente
aunque mi espíritu se lo haya llevado el viento
a los rincones del olvido.

El volcán de Mull

No sé si fue cuando bebía un Ledaig 18
o cuando escuchaba de fondo el piano de Philip Glass
pero fue todo como un terremoto
qué oscureció la realidad
y unas débiles brasas mostraron
que todo estaba sujeto con hilos
que se fueron rompiendo uno a uno
desvelando que todo era una mentira
un amasijo de turbia falsedad.

En el corazón no hubo sentimientos
siendo solo un músculo que bombea la sangre
y que la felicidad nunca existió
siendo un invento y un espejismo.

Que el mundo ya no gira alrededor
de lo que pensaba que era el centro del universo
dónde parece que lo único real es que la tierra es plana
y que tengo que andar hasta el infinito
sin que nada tenga ya sentido.

Ya no quedan certezas
y eso ocurre cuando eres transparente
y los whiskys se diluyen
para mantener a salvo la comedia
de que una esfera gira alrededor del sol
y que mi cabeza sigue al corazón
donde dicen los cuentos que se encuentra
todo lo que uno ha vivido.
Se repiten lacónicas las notas en un piano
que muestran una minimalista realidad
una ecuación simple, donde la incógnita es respirar
o simplemente dejarse llevar
y dar un corto trago a la esencia de vida
que se contiene dentro de un destilado
fraguado con volcanes y mar
hecho prisionero en la isla de Mull
mientras unos hilos son llevados por el viento
a sujetar las viejas mentiras y los mitos eternos.

La temporalidad del whisky

El tiempo es protagonista del whisky
donde todo tiene un fin y un destino
desde el espíritu más joven al más añejo
y todos tienen voz y son escuchados

El tiempo es importante en el whisky
pero también el mundo de los sentidos
lo que se vive y se transmite
en infinitas subjetividades
en incontables interpretaciones
donde el whisky es hermenéutico
un universo de sensaciones

El whisky son momentos
de tristeza y melancolía
de sonrisas y alegría
de momento sosegados
o cuando rompen las más fuertes tormentas.

En el destilado la racionalidad es pasajera
para dar paso a la experiencia más poética.
El whisky mira el tiempo
para agarrarse
y dar la mano a los momentos.

Un whisky con Alice in Chains

El tiempo es un camino sin señales
son señales sin destino
es destino en medio de la tormenta
en un mar embravecido
navegando en una cascara de nuez.

Alice in Chains siempre suena en medio de la galerna
y me recuerda que el camino ha sido el mismo
nada ha cambiado porque el destino estuvo siempre escrito.

Me he perdido en todos los viajes
olvidando de que puerto salí
pero todo está bien, la corriente sabrá qué hacer.

Soy un náufrago de mí mismo
no queda tiempo para encontrar de vuelta el camino
acabando en un bar donde el whisky me salvará.

Quizá las señales estén flotando en un single malt
y si no, qué más da
porque el destino estuvo siempre escrito
mientras la lluvia, el viento y el frío
me acompañan y me encadenan bajo la tormenta.

La Palmera
("Viajar" de Marcos Callau)

En las orillas del Canal Imperial
una palmera da sombra
y es mojón de lo que más importa
pero también es valla que impide el paso al indigno
porque más allá, a su lado
cerca de sus frutos, está lo más deseado.
El infame mira sus manos que la providencia quiso
que portaran un poemario comprado en una lencería
y al azar abre el libro, página cuarenta y lee:

"Viajar, tu afición ahora es prohibida
estampida desbocada ahogada en tu mirada
son los sueños,
sus dueños son caballos que yo no he de domar
sino alimentar y sanar,
soñar el punzante animal que llevas adherido al vientre
con nombre de deseo y calmar,
colmar el fuego, el fuego de Perseo.
Atravesar los filamentos de hielo
Y quebrar el hierro de los escombros.
Y viajar"

Cierra el poemario el bellaco y retorna por el Canal Imperial
entre el barro y el ruido de los patos en los charcos
al lugar donde tomar un par de whiskys
para no olvidar sus infamias
en la barra de un bar.

Olvidarte imposible

Sentí el decaer bebiendo un whisky
olvidando los besos.

Romper es fácil, huir es sencillo
arreglar lo que se ha roto es difícil
y ya no será igual
no hay manos suficientes
para recoger los pedazos
esparcidos por el suelo
encharcados en lagrimas
fragmentos mojados y pisoteados.
Demoler los puentes
para que sea imposible vadear el río
y que la corriente me arrastre hasta el océano
sin esperanza, hundido, diluido.

Se apagaron las velas
y callaron los campanarios.
Rezo en una iglesia sin recibir respuesta
solo el susurro del silencio.
Caen gotas de Ledaig sobre el mantel
huele a cenizas y azufre
a campo de batalla,
con el cierzo agitando jirones de banderas y estandartes.

Beber whisky es fácil
besarte una utopía
olvidarte imposible.

Árbol de Navidad

¿Por qué la Navidad agita tanto el alma?
Mientras, suena Almost blue
Chet Baker me remata
el otoño se fusiona con el invierno
y el whisky no quiere hielo, y sí, sacudir los recuerdos.

Fue mágico el momento de cruzar la primera mirada
la puerta del hotel, tu abrigo largo
llevabas el pelo alborotado
y una sonrisa que desarmaba ejércitos
parecías inalcanzable y de repente, sin saber como
tras un tiempo indiferente, horas, días,
ver como estabas en mis brazos.

Todo ese tiempo fue magia
y vivíamos sin saber el truco
en infinitos paseos, en eternas charlas
dibujando paraísos con tus dedos
donde las flores olían a predestinación
y los besos llevaban el sello de la providencia.

Llega otra navidad
con la caja del árbol sin abrir
adornos, bolas y luces sin montar
y el belén sin poner.
Te imagino siendo maga decorando el apartamento
y llenando de ilusión el universo
pintando otros jardines
con derecho de admisión.

Olvidé pisar el suelo

Estoy ajeno al mundo real
vivo entre sueños
historias fantásticas
y cuentos inventados.

Olvidé pisar el suelo
y vuelo montado en los recuerdos
empujado por el cierzo
para tocar la luna
y no olvidar los sueños que quedaron atrás.

Me sirvo un Dalmore
para volver a levitar
que es como volver a besar
y mantener vivo todo lo que fue
lo imaginario y lo real.

Fragmento de un final

He llegado al final
se acabó la senda
y sentado en una gran piedra
apuraré la última copa de whisky
cerraré los ojos y pensaré
en nada en concreto
mi cabeza estará vacía
y mis pensamientos tan perdidos
como el inexistente camino.

Se exprimen los últimos versos
sobre una estela
el epilogo grabado sobre la arenisca
esperando a convertirse en polvo
por el agua y el viento.

No me resisto a otro trago de destilado
y el dulce final me alcanza
húmeda la tierra
el tiempo es el dueño
de principios y finales.
El último sorbo del espíritu de agua de vida
me sabe a miel y roble
a la sal de tus pechos
y al brezo de tu pelo.

Es el final
Sin homenajes ni coronas. Sin lloros ni campanas.

Noventa años

Sentado solo en el parque
bajo un frío de diciembre
unas manos arrugadas se apoyan en un bastón
y unos ojos apagados, que un día fueron azules,
miran buscando algo por lo que sentirse orgulloso
pensamientos que no interesan a nadie
palabras que ya no serán dichas ni escuchadas
poemas que nadie leerá
caricias que, alcanzados los noventa años, nadie le dará
la vida se desparrama como un whisky sobre el suelo
los sentimientos se disipan
como vaho en un amanecer invernal
no queda nada por lo que luchar.

El fracaso se cuenta por las veces que se repiten los mismos errores
la tristeza se mide por las veces que una vez tras otra se ha fracasado
el declinar se nota por las botellas de espíritu que se han bebido
el silencio es pesada losa, más pesada, cuanto más lejos se fue.

El anciano mira en la delgada muñeca el reloj parado
sabe que es su hora
siempre lo supo desde el momento que decidió habitar
en la infinita soledad.

La sombra detrás de las sombras

En la noche, el reflejo en el espejo
me muestran como soy
una sombra detrás de las sombras
un ser desaparecido antes de nacer.

En la noche se vive de sueños
con la esperanza de besarla
pero despiertas y ya no está
y me quedo ante el espejo
mirando la sombra detrás de las sombras
esperando volver a soñar por un instante
el olvidado roce de sus labios

En la noche me encuentro
cuanto más me pierdo.

Suena, de nuevo, en bucle, Almost Blue
y un whisky noble de etiqueta azul se balancea
dejando en las paredes de la copa
lágrimas que se pierden
en la sombra detrás de las sombras.

En las noches miro al espejo
esperando que aparezcas
y me cojas de mano
para que me lleves tras la sombra detrás de las sombras.

Noto la ausencia

Noto el vacío
noto la ausencia
noto el hastío
noto la indiferencia.

Noto que he dejado de estar
de ser protagonista
de ocupar tus pensamientos
me noto lejos de tu vida
me siento ajeno a la mía.

Lleno el tiempo con lecturas, música y poesía
y los huecos que quedan los relleno
con brandi, whisky y oporto.

Noto la derrota
noto la rendición
noto la soledad
noto la humillación.

Y vencido
un brandi me sedará
un whisky me hará recordar
y un oporto me salvará.

Ecos del silencio

Quedan apenas unos ecos
el piano de Bill Evans
la trompeta de Chet Baker
el saxo de Coltrane
la voz de Sinatra
ecos qué se van diluyendo
quedando apenas nada
una sutil vibración
y dolor, mucho dolor
reflejado en las lágrimas de los ángeles
que caen lentamente por el vaso.

Quedan apenas unas onzas
y el whisky se acabará
mientras, el jazz y mi alma
se van apagando
para no molestar nunca más
perdiéndome en la distancia
pero oyendo, siempre
los ecos de tu silencio
que siento
que nunca me perdonará.

Una vida sin más

Un tronco seco
una caliza concrecionada
un río sin agua
una playa sin arena
un cielo sin nubes ni estrellas
un whisky sin turba
una destilería fantasma
una botella sin whisky
una carta sin respuesta
un silencio que golpea
una vida perdida en el desierto
donde se recitan poemas sin rima
esperando que llueva
en el ritual sin tradición
de un apostata del amor.

Se llora sin lágrimas
se ama sin respuesta
se bebe sin ganas
sin estridencias se vive
una vida sin más.

Jazz

Los días pasan al son del jazz
que pone banda sonora
a la tristeza y la melancolía.

A veces las caricias de Bill Evans
sedan de tanto cansancio
otras, el susurro al oído de John Coltrane
despiertan escalofríos
se cuela silenciosa la decadencia de Chet Baker
llevándome a las brumas del hastío
a rozar un vestido casi azul…
Houston Person me silba al otro oído
para olvidar todo lo que he sido
o Grant Green me lleva al fondo del río
para que me arrastre la corriente de la indiferencia
entre ramas, barro y olvido.

Ya no me conmueve casi nada
ni las olas del mar
ni el cierzo calándome en los huesos.
Los besos se fosilizaron
están, en lo más profundo, enterrados.

Y en los insomnios y en los silencios
de cielos estrellados
escucho un saxo, un piano
una trompeta o una guitarra
una batería o un bajo.

Brindar por la vida (A Emmanuel Dupont-Machet)

Dos tipos hablan en el lugar
donde se dicen las cosas que son verdad
rompeolas de mares intensos
que son las barras de bar.

Uno de los tipos es mecido por los vientos
que peinan Francia y el champagne
embajador del mejor imperio del buen vivir
y de su capital, el Puerto de Santa María
el otro, se atemperó con los cierzos
súbdito de los vientos
a orillas del Sado, el Henares y el Ebro
de la Magistral y la Basílica del Pilar.

Calan gorras y ríen
entre el alboroto y el gentío
suena en el garito
lo que puede ser la banda sonora de sus vidas.

Hablan de las cosas importantes
las que inspiran y hacen camino
sustratos de whisky y brandy
puros y música, ron y vino
también de libros y cine
arqueología de los sentidos

Albert Cohen y Kundera, Cioran y Pessoa
El Hombre Tranquilo y la eterna Casablanca
Deodato que escucha a Zaratustra
o Sinatra que les susurra
que vivir es esperar
amar sin medida
celebrar y brindar.

De fondo, en el bar, un blues les araña el alma
hablándoles de las mujeres
las que los amaron
las que los quieren
y las que les olvidaron.

Y en ese altar que es la barra de un bar
exhiben el cáliz de las libaciones
intercambios de amistad
el embajador aporta un imperial 1520 de Carlos I
insuperable alianza, solo igualado
por el abrazo de los amigos y los aires de Cádiz
y el hijo de Setúbal ofrece un Octomore
forjado por el fuego de un volcán
bebida digna de mil dragones
bálsamo para los quebrados corazones.

Las cosas importantes, las de verdad
son pocas, gozar, vivir, amar
que tatuadas en el alma
no se deben olvidar.

Es entonces cuando siempre se debe brindar
con el irrompible espíritu de la amistad.

El whisky es un espejo

El whisky es un espejo, el líquido refleja
todos los rincones en el alma escondidos
ya sea dentro de los cajones y los armarios
o en el fondo de un bolsillo
emergiendo del cobre y el roble todo lo sentido
lo que jamás se olvida, lo inolvidable de lo vivido.

La vida sana busca caminos sosegados
ya sean empinados, llanos o revirados
donde la experiencia sea brújula y faro
con el bastón humilde de la coherencia
y el amor como abrigo para el largo viaje.

Lo más patético de una miserable existencia
es sentirte víctima de tus propios errores
y cuanto peor estás, gritar al mundo tus miserias
esas que a nadie importan, ni a los que te quieren
y mucho menos, a los que no te conocen
o a los que dejaron de quererte.

El whisky lava los pecados
sanea las heridas y los errores
no para perdonarlos
sino para que los tengas siempre presentes
y no olvides que la vida
con un whisky siempre al lado
está salpicada de rotos y fracasos
y llena de amor al alcance de tu mano.

Soñé

Soñé que me enamoraba
me correspondía
y nos escribíamos cartas.

Soñé que llovía
vestía como Gene Kelly
y cantaba bajo la lluvia.

Soñé que trabajaba
desenterraba el pasado
y encontraba sílex entre la turba.

Soñé que el barco a Islay arribaba
bajaba del ferry
y recorría Port Ellen.

Soñé que los ángeles me hablaban
y me daban unas gotas
de las lágrimas que caían de sus mejillas.

Soñé que entraba en la Potxola
y me llevaba un cask strength
de Blue Label.

Soñé que soñaba
y despierto, vi que nada era cierto
ni siquiera las lágrimas de mis ojos.
Solo era real un vaso de whisky, nada más.

Déjame creer

Hay gente que cree en los políticos
en su carisma e infinitas virtudes.
Hay gente que cree en unicornios
y en dragones que por su boca echan fuego.
Hay gente que cree en una tierra redonda
dando vueltas como una peonza
y otros que creen en una tierra plana
sin ver nunca un final en el horizonte.
Hay gente que cree en la magia de una canción
o que un poema puede cambiar el universo.
Hay gente que cree en los ángeles
que están a nuestro lado para cuidarnos.
Hay gente que cree que a quien se amó
jamás, nunca, se puede olvidar.
Hay gente que cree que el desamor se puede arreglar
y que la relación que dejó atrás volverá.
Hay gente que cree en los viajes en el tiempo
y que tiene siempre preparada la maleta.
Hay gente que cree que el whisky es vida
un cofre repleto de tesoros
oler la tierra mojada en Escocia
y cerrar los ojos para anhelar la felicidad.

Hay gente que cree...
cree de verdad.
Déjame creer.

Olvido

Ha sido de repente
he olvidado tu nombre
sin venir a cuento
me he quedado en blanco
no sabía el día que cumples años
y sin pensarlo
he vuelto a recordar todo
como si nada hubiera pasado.

Sepultado por miles de hojas secas
pensé que había muerto
y tu recuerdo, de nuevo
me ha resucitado.

Te hice un gin-tonic
seco y amargo
me serví un buen trago del Blanton´s
que un día me regalaste
y brindamos por lo inolvidable.

Fue de repente
y sin saber como
en un segundo angustioso te olvidé
y en un instante
cerré los ojos
mientras bebía el bourbon que me regalaste
volví a recordarte.

Uno de enero

Empieza otro año
la cocina huele a mañana de invierno
y a café portugués recién hecho.

Te miro embobado
estás guapa, como siempre
nunca me acostumbro, qué suertudo
pero otra cosa me llama la atención
te miro con ojos de asombro
y con curiosidad
callo y observo como untas
la mantequilla en las tostadas
hay tanta mantequilla
que no se ve un milímetro de miga
la esparces por el pan con mimo
y le dedicas el tiempo preciso
generosa, me das la más grande
mientras, disfruto viéndote
como muerdes la rebanada
y un crujiente de pan tostado
te saca una sonrisa.

Es tu trabajo
untar mantequilla y sonreír.

Momentos que se acomodan
en una balda del universo
entre libros de Pessoa y otros
de viajes en el tiempo
y al lado
botellas de la colección de whisky.
Sobre la mesa están tu Dalmore y mi blue Label
supervivientes de la última noche
rescoldos de campanadas de fin de año
ecos del universo
que repican tu sonrisa.

Suena el Danubio Azul y me sacas a bailar
soy torpe
pero tus ojos hacen que no pierda el ritmo
y que, impulsivamente, te tenga que besar.

¡Qué suertudo fui!

Fue mi trabajo

Sé

Sé que el whisky no salva
sé que brindar es inútil
sé que el fracaso no se celebra
sé que no bebo para olvidar
sé que cuando miro al cielo no veo las estrellas
y sé que contigo no veré nunca más el mar.

Sé que me olvidaste
sé que ya no estoy
sé que no soy nada
sé que he desaparecido
sé que todo terminó
sé que eres feliz
sé que no puedo volver a empezar
sé que la vida me dio la oportunidad
y sé
que no la supe aprovechar.

Sé que el whisky no me puede salvar
y sé
que no te puedo olvidar.

Dos años

Dos años ya
no son ni muchos ni pocos
pero son dos años
que parecen una eternidad.

Dos años llenos de arena del desierto
polvo en los muebles
y vino con fecha de caducidad.

Dos años de lacerante silencio
donde retumban los ecos
de las incomprensibles despedidas
del adiós más cobarde.

Dos años donde en las noches
se abren los garitos
sonando la música
que no volverás a escuchar
y en el posavasos dejas el alma
dentro de la copa de single malt.

Dos años ya
no son ni muchos ni pocos
dos años
que son una eternidad.

Queso, trufa y whisky

La luz de la luna se posa en la calle Santiago
confluencia donde desemboca gente y más gente
que baja la rampa desde casa Juanico
o por Don Jaime a la plaza del Pilar
en un caudaloso trajinar.

Entro en el Moonligth
y me acomodo en una mesa alta
adosada a la pared y cerca de la barra.
Ahí puedo ver todo
y todo puedo soñar e imaginar.

Busco los sitios con amplia cristalera
no para que me veas
sino para poder verte si pasas por delante
y si entras, ser lo primero que veas
y te topes con un pobre diablo
mirando de cara, como un miope,
a los cristales que dan a la calle.

Te veo en cada sitio
te pienso en todo momento
para volver a perderte
entre la multitud que te oculta
buscándote entre la gente sin encontrarte.

Me pido un queso con trufa
que es hoguera en la noche
un jardín lleno de flores
el sol y la brisa en la playa
o un delicioso dulce en la vitrina de una pastelería
que pretende someter a un whisky mesteño y noble
aspereo y rudo, a la vez de cortes y elegante.

Asisto curioso al duelo
y el Dewar´s que ha estado veintiún años en roble
al queso trufado doblega y se impone
no dejándose domar
y emerge triunfante.

Sigo mirando la calle
mientras el whisky da luz a las sombras
en las que me he sumergido
sin poder compartir, al menos, el maridaje contigo.

Pido un trozo de papel
y escribo retazos del presente
que se hunden en el pasado
mientras en la calle Santiago
la gente huye del frío cierzo
buscando soportales, bares y garitos.

Te sigo buscando tras los cristales
sabiendo que no podré encontrarte.

Arqueología *(21 de septiembre de 2011)*

Se desvela el sedimento
en los estratos del tiempo
las cosas que nunca se fueron
datadas por carbono 14 en un septiembre de 2011.

Vuelven mecánicos los aires cansinos
retornan tozudos los vientos lastrados
visibles en viejos almanaques gastados
al calor tozudo de un whisky de Mull.

Tempestades que martillean a los herejes
entre suspiros de heterodoxia espumosa
y sus caras son golpeadas y abofeteadas
por turba volcánica y sulfurosa.

Y tras perseverar en la derrota
profundas arrugas se marcan orgullosas
por olvidos juveniles sin dignos pasados
esperando justos castigos en futuros crueles.

Miradas extraviadas desde la atónita niñez
la juventud ausente
la madurez vacía
y la vejez decadente.

Revierto las realidades en sueños
y las ensoñaciones en verdades
son las ventajas de vivir y existir
de regar jardines de olorosos versos
y de dejar de transitar, muriendo
mientras imagino, soñando
un presente perfecto.

Esa ensoñación que crece mientras me sueñas
y tus recuerdos los guardo dentro de un viejo arcón
como un inmenso tesoro
porque me encuentras y no me abandonas.

El volcán de la isla de Mull vuelve a estar activo
me hundo en la lava mientras los recuerdos se empapan
de un Ledaig 18 con olor a azufre y sabor a pasas.

Y vuelve a ser septiembre de 2011
porque todo lo que fue sigue siendo
y todo lo que es seguirá estando.

Un whisky con John Wick

Era el 2014 y veía una película en casa
la primera de John Wick
eran años donde aún conservaba la energía
y me dejaba llevar por una película de acción
tomando un Blanton´s como él protagonista.

Eran tiempos de pensar poco,
eso parece que en nada ha cambiado
salvo que hace unos años, no me hubiera rendido
y ahora todo parece
desde lo más grande a lo más significante
que me ha vencido.

Por eso tomó el single barrel como analgésico
para allanar los dolores del alma
y el escozor de los remordimientos.

Me sirvo el último whisky que me regalaste
donde el centeno llena los días vacíos
y colma las noches de insomnio
que cae como una ola de 30 metros
que me agita y me voltea.

En el cine debería haber un nuevo género
no películas de acción o cine negro
quizá un cine de ausencias
o películas donde el ritmo sea el desasosiego
y los actores sigan bebiendo whisky
que nos inspiren a abrazar el desapego.

Qué lejos ha quedado John Wick
qué lejos ha quedado todo
es tal la distancia
que ya no me veo ni en el espejo
solo intuyo los silencios
y el ruido ostentoso del olvido.

Solos en la bolera

Sombras aletean y oscurecen el día sobre la tierra mojada
embarradas escaleras se empinan en imposibles escorzos
estoy sentado en la inmóvil mecedora y deseo una caricia robada
ausente y distraído, acompañado de Robert Putnam
arreglamos mundos, o lo intentamos, solos en la bolera.

Con desgana me levanto y apunto a inocentes bolos
y tras fallar, sin tirar ni uno de esos cacharros
me mojo los labios con un mesteño destilado
el whisky, en su final largo, me dice de dónde vengo y adonde voy.

Soy hijo del colapso y anhelo algo parecido a un resurgimiento
soñar en imposibles siempre ha sido mi camino.

Y de repente, ocurre lo inesperado y milagroso.

Me fijo en una cintura que desencadena una tormenta
de focos, sirenas, estandartes, tunas y fanfarrias
sinuosas caderas como columnas salomónicas
sostienen a la hermosa criatura
que baila con la deslumbrante facilidad de un ángel.

Elástica y espectacular, grandiosa y extraordinaria
soles y estrellas languidecen ante la luz de su mirada
me enamoro cegado con los destellos de su voz
sueño con sueños y pienso con besos, los suyos.

Ese día mutó el techo en un clarear de cielos rasos
azules, turquesas y jades
y los guiños de soles, estrellas y cometas
eran como fuegos artificiales.

Llenamos los vasos y nadamos
entre licores pasionales
que salieron del fuego y el cobre
a la sombra de un bosque de robles.

Purtnam levantó la copa de whisky y brindó por nosotros
por las personas y los lazos que tejen
por la esperanza nunca perdida
y por el inaudito amor que surge de la nada
rompiendo los silencios
con el estruendo de un milagro
que nos ilumina las caras
para no estar nunca más
solos en la bolera.

Cioran y whisky

Existen brindis estrafalarios
como compartir un whisky con Cioran
mirarnos a los ojos
y no decir nada relevante
solo dejarnos llevar por las olas del mar.

El destilado desprendiendo olores pesados
y el sabor de sangre seca y ocre
y en boca, un final de tuétano mantecoso
por lo estanca que es la existencia
como agua vieja rebosando podredumbre.

La alienación no es un pasajero trance
es un estado necesario
un dialogo interior de largo alcance
donde el ser busca los exilios
en mundos difusos
entre los más extraños delirios
en abrigos rocosos
siendo un monje y ermitaño
y conviviendo en amigable compañía
con la ausencia y la nada
en continuo voto de silencio.

Cioran no creyó en el destino
fio todo a la cobarde inercia
esperando hastiado
a que todo acabará parando.

Y mientras llegaba el final
Emil me invitaba
a un whisky o quizá dos
para que el mundo
tuviera algún sentido
o no, qué más da.

Año nuevo

Acaba el año
una cena con desgana
champan y un Edradour con turrón.

Quizá el nuevo año sea igual que el anterior
quizá 2024 sea idéntico o peor que el 2023
y estos, un calco del 2022.

Los poemas seguirán siendo tristes
y en la música jazz y blues sonando en sórdidos garitos.

Quizá siga en la deriva como si tal cosa
donde nada importa, solo contar los días
que se apilan uno encima del otro
hasta sepultar toda una vida.
Quizá ya nadie quiera saber
por los caminos por los que ando
y los barrancos por los que me he precipitado.

Quizá siga tomando whisky
o que consiga pisar Escocia
quizá olvide lo me ha traído a este puerto
en un barco sin velas

encallando en la arena
quizá sí o quizá no, da igual
porque todos los años desde el veintidós
son idénticos, reflejos y ecos
o una mala copia del original.

Bufanda

Volando sin alas buscando el cielo
perdido en las sombras de las paredes de un laberinto
me despierta el ruido del corcho de un Laphroaig
suena lo que parece un piano
y no es más que una espiral sin sentido
en un lugar donde huele a hospital
turba y agua de mar.

Te encuentro en el fondo de mis pensamientos
me alegro y sonrío, lloro y me maldigo
estás a otras cosas y no conmigo
tejes una bufanda para otro
y me pierdo aún más en el laberinto
donde el sol ha desaparecido
en un techo infinito huérfano de estrellas y cielos
y un lecho caudaloso de whiskys ahumados y vinos afrutados.

Suena lo que parece un violín
y no son más que unas uñas sobre el cristal
lloro y me maldigo
repitiendo las palabras como un péndulo
palabras que ya no escucha nadie
mientras tejes la bufanda de lana
que nunca más me abrigará.
No tengo alas
Ni ríos
ni cielos que buscar.

El whisky es otoño

El whisky es otoño
hojas en el suelo
tierra húmeda
viento y lluvia
Tierras altas y profundos lagos
Islas y montañas
Moncayo y río Ebro.

Cierzo alborotando
rompiendo la paz y el silencio
donde el whisky busca un sillón de cuero
una chimenea y un pedazo de ternasco asado.

Masticar los recuerdos
recordar la piel y su olor
y los besos olvidados.

El whisky es otoño
Y es eterno
En Caesar Augusta o en Caledonia
Acurrucados y enamorados
O en la absoluta soledad.

Jamón con chorreras

Fui a pedir en la barra
un jamón con chorreras y una caña
saludé al camarero
le dije si se acordaba de mí
y respondió con un lacónico sí.

Lo más duro fue su actitud
como el que trajina con algo molesto
su mirada denotaba desprecio
esa cansada mirada del que está acostumbrado
a tener delante a gente miserable.
Agaché la cabeza, comí rápido la tapa
pagué y me fui, ahorrándole mi molesta presencia.

Otra vez sentir el vacío
cayendo en el campo de las batallas perdidas
el Tubo se llenó de remordimientos y reproches
de angustias y pesadillas
y con la boca seca, encogidos los nervios
grite en mi cabeza ¡Qué hago aquí!

Deambulé buscando
una barra más amable donde agarrarme
y tomar un whisky que me anestesiara
o dos que me salvaran.
Todo fue en balde, volví a la cueva
donde me miro al espejo
y siento lástima y desprecio.

La sombra de la estatua

Un domingo, primeras horas
tras las batallas y escaramuzas de whiskys sin hielo
en noches de apagados garitos
llegué a los pies del Pastor del Águila de Gargallo.

La sombra que proyectaba era húmeda y fría.
El camión de limpieza hacía su batida por la calle Alfonso
y de repente, no muy lejos, te vi
y al girarte, también me viste.

Tuve un escalofrío, una inquietud en el estomago
tenías una mirada entre asco y desprecio, indiferencia y desapego
me mirabas segura y con altanería, desafiante
porque tenías delante a un tipo huidizo y cobarde
un compendio de mil taras miserables.

No pude sostener la mirada
avergonzado, no veía ni el suelo.
El sol te iluminaba el rostro
y tus labios rojos, me decían, sin decir nada
que nunca más, esa boca, sería mía.

Te alejaste sin mediar palabra
el silencio y tus ojos hablaron
en un insoportable callado estruendo
que incluso el tipo más cobarde
en su huida a ninguna parte
no pudo dejar de oír.

Las calles te echan de menos

Camino con plomo en los pies
Alcalá de Henares esta triste
el peso de los siglos ha caído de repente
los bares tienen whiskys comerciales
y mis paseos son de garrafón
las terrazas del centro
brindan por causas que me son ajenas o lejanas
faltando el sol entre las sombras de sus soportales
y las cigüeñas no se ven en los tejados.

Las calles te echan de menos
han quedado huérfanas de tus pasos
perdidas entre piedra y asfalto
donde un mendigo pide limosna
con un cartel que pone:
"Las calles te echan de menos"

Yo también, pero eso ya no importa.

Mil whiskys conocidos

Carezco de atributos trascendentes
y por más que me esfuerzo
por más que palpe desde rimbombantes ontologías
no encuentro ser que llene los huecos
en un devenir triste y vacío
sin ver la verdad que pueda existir en el mundo
ni Dios que me salve del extravío.

Discurro en eso que llaman tiempo
en pensamientos absurdos
y a veces imagino que converso contigo
en un monologo frente al espejo
o en el reflejo de mil whiskys conocidos.

No me contestas, no debes hacerlo
mi diluida esencia se debate entre extinguirse
o soltar un destello.

En esos fogonazos te apareces en sueños
donde me acompañas con recelo
como si fuera un desconocido.

Miradas

Llueva o salga el sol
la mirada es siempre la misma
perdida y atolondrada
o llena de untuosa vivacidad
una montaña rusa de alocadas miradas
de esas de subir a las más altas montañas
y después caer por imponentes acantilados.

Ver los charcos y correr a pisarlos
recitar de memoria las paradojas
memorizar las heridas y ante el espejo
vestirlas con las sedas de la melancolía.

Quizá un par de whiskys
el humo de un cigarro
camuflen las miradas perdidas
puede, es un intento
y si no, escuchar a Luis Brea o Havalina
y saber que en cualquier momento
levantaras la vista y verás
que, aunque llueva o salga el sol
tendrás siempre la misma mirada
atemporal y perdida.

Paisaje

Otro sueño hijo del abandono
otro viaje a ninguna parte.

El paisaje se jalona de exóticas plantas y árboles
una palmera que da sombra
flores de mil espinas
ríos, cascadas y montañas
puentes de hierro, piedra y leones
de caminos, bosques espesos y desiertos
playas, acantilados y un faro
calles estrechas y plazas con iglesias
gatos callejeros
y perros cuidando vagabundos y pordioseros
bares, garitos y fondas
parques con fuentes y estatuas
y avenidas de infinitos soportales.

Un ecosistema conocido
de otoños e inviernos eternos
de cierzos inclementes
donde siempre llueve y hace frío
cuanto más solo recorres el camino.

Las brújulas no funcionan
ni se ven las estrellas en el cielo.

Los mapas se comen
un guardia civil, una anchoa con chocolate
un jamón con chorreras, un caramelo de carmelo
longaniza y ternasco
calamares bravos y madejas…

Los sueños se beben
y las pesadillas dejan resacas y fracasos
guardadas en botellas vacías
de Hibiki, Blue Label y Dalmore.

El paisaje es infinito
un indigesto laberinto
mientras se camina hacia el horizonte
dejando atrás los aciertos y algún que otro éxito
perdido en los paisajes que son nuevos
porque de los conocidos
nada ya se sabe.

La vida es espejismo
el sueño el reflejo de lo vivido
sobrevivir con poco o nada
un whisky, pan duro y un poco de pescado
y saber
que no hay salida en el laberinto.

Errante

Hay retales de mi alma
que el viento con ellos hace un ovillo
para rodar perdidos por el suelo
por las estrechas calles de Alquezar.

O llevados en volandas por el cierzo
a ser ceniza del fracaso
en una chimenea en Zuera
qué debió ser ¡Cómo no lo vi!
mi salvación cerca del calor
a la vera de sus llamas.

Pedazos de alma sin esencia
mirando la luz de una ventana
de un solitario mendigo que limosnea una caricia
en el invierno zaragozano
apoyado en el lateral del muro de la iglesia de Santiago.

Ando y ando, huyendo de mí
y del extraño en el que me he convertido
con el alma convertida en harapos
y el corazón y los pies helados.

Ya no queda nada, ni un átomo de alma
entre las sombras de las casas
de un Calatayud seco de miradas
o en las calles de Ateca nunca más pisadas.

Alma rota en Teruel, Huesca o Jaca
en Ágreda o en Fitero
en el Monasterio de Piedra o en Veruela
en Tarazona o en la Muela.

Busco por el suelo los pedazos de lo que un día fui
en una mesa del Beerland
o en la Rinconada de Lorenzo
en el Almau o en el Cantábrico.

Inútil esfuerzo, baldío intento
paseos indigestos.

Me bebo las gotas que me quedan de alma
en Whisky Viejo con un Hibiki sin hielo
o las mezclo en un coctel de amargura
en el Moonlight sintiendo la cercanía del Ebro
o escuchando un piano
en el Ragtime con un Laphroaig
que entierre lo que pudo ser
y me empeñé en que no fuera.

El cierzo me despierta del sueño
siento el frio y el temblar del cuerpo
con un único destino
vagar errante a los confines del tiempo
que desembocan en una playa de Cádiz.

El incendio del olvido

Se rompió la botella de Dalmore
y busco entre los cristales
unas gotas que me salven.

Tras el incendio del olvido
hurgo entre las brasas
las cenizas de lo vivido.

La amargura se mastica
el dulzor es solo un sueño
de una vida sin sentido.

El camino ha desaparecido
nadie te salva del silencio
y en la soledad tienes la certeza
de que los bares son el destino.

Pensar cuando bebes whisky

¿En qué se piensa
cuando se bebe whisky en soledad
mientras de fondo suena jazz
y Chet Baker y la turba, avivan las brasas
de lo que fue y nunca más será?

Hay culpa y remordimientos
ternura y nostalgia
al no sentir la magia de sus manos
y no ver de nuevo el cielo en sus ojos.

Das un sorbo que sabe a lágrimas
porque ella siempre estará
aunque su silencio diga lo contrario
siempre anda ahí
y brindas
porque da sentido al universo.

Haiku

Quise hacer un haiku
y cumplir la norma
pero las sílabas cobraban vida
invitaban a otras
se resistían a quedarse quietas
y se movían y no paraban
como el viento que se cuela
en el invierno por la ventana
el agua que corre saltarina
entre el musgo y la caliza
la hierba que crece mesteña
entre las grietas de las aceras
o un Talisker rebosando sobre unas ostras
con unas sardinas sobre un trozo de pan
que sabe a gloria y a Portugal.

Quise hacer un haiku
y me salió un borbotón
de sangre en la herida

Te quise tanto
que olvidé lo importante…
Seguir amándote

Quise hacer un haiku
lo intenté
pero siguen escociendo las heridas.

Sueño

He tenido un nuevo sueño
que es tan viejo como el tiempo
olvidado y nuevamente soñado.

Subo en el ascensor, no voy solo
nos besamos sin conocernos
es un instante fugaz
que posponemos para continuar en otro momento…
Sigo el sueño, ahora en soledad
hasta que te veo a lo lejos
con un vestido blanco
vestida de novia bajando de un coche
te diriges al tren y antes de subir
me miras y te despides.

En el sueño, después, ceno con un amigo
es raro el sitio para cenar
una tienda de ropa
y mientras bebemos unos martinis
y no whisky
no te olvido…

No quiero despertar
no quiero dejar de soñar
soñar que un día
en una cena o en un ascensor
nos volvamos a besar.

Mujer renovada

Te alejaste
miraste y no viste nada
dejaste de oír el ruido
sentiste que ya no estaba
y que no era importante
quien te hizo tanto daño.

Eres una mujer nueva
con un pasado olvidado
en los cajones de la memoria.
Tiraste por el inodoro
los whiskys que huelen a rancio
abriste caminos estancos
obstáculos que difuminaron
tus sueños e ilusiones
y volviste de nuevo a Escocia
reviviendo en otros brazos
para brindar por el amor de nuevo conquistado.

Te miraste en un estanque
cerca de Inverness
y viste una hermosa sonrisa
reflejo de un futuro
sin mirar al pasado
te quitaste el anillo y lo tiraste
hundiéndose en el fondo.

Después te fuiste cogida de otra mano.

Un poema

Un poema es una venda, una tirita, una pastilla
un poema sana las heridas, las desinfecta
un poema alimenta el alma famélica
un poema calma la sed de tu presencia
un poema ilumina la oscuridad
un poema abriga en las noches frías
un poema suena como las olas del mar
un poema sabe a ternasco y a pescaito frito
un poema es agua de manantial
un poema moja los labios de single malt.

Un poema
solo me queda un poema
un poema que no leerás.

Un tiempo salvaje

Huérfano de miradas cómplices
en una bastedad desoladora
despertando en eternas resacas
que ocultan los pasos perdidos
en el tiempo de las derrotas.

Balbuceando ligeros versos
que se pierden en el viento
de cielos grises y pesados
o depositados en capas de sedimento
de nostalgia concrecionada
en una cansada vida fosilizada.

Renunciando, claudicando
se termina en un tiempo salvaje
inhóspito y desnudo de sentimientos
paramo rebosante de turba y brezo
y un faro que resguarda de los acantilados
y de las olas de whiskys ahumados
que rompen el alma en mil pedazos.

ÍNDICE